CHOIX
DE CANTIQUES
SPIRITUELS

A l'usage des Écoles Chrétiennes du Diocèse de Cambrai

Que la parole de JÉSUS—CHRIST habite en vous, avec plénitude, et vous comble de sagesse : instruisez-vous et exhortez-vous les uns les autres par des Psaumes, des Hymnes et des Cantiques spirituels, chantant de cœur avec édification les louanges du SEIGNEUR.

(St-Paul aux Col., C. III V. 16.)

Y

DUNKERQUE

VANDEREST, Typographie-Éditeur.

1842

CHOIX
DE CANTIQUES
SPIRITUELS

A l'usage des Écoles Chrétiennes du Diocèse de Cambrai

Que la parole de JÉSUS—CHRIST habite en vous, avec plénitude, et vous comble de sagesse : instruisez-vous et exhortez-vous les uns les autres par des Psaumes, des Hymnes et des Cantiques spirituels, chantant de cœur avec édification les louanges du SEIGNEUR.

(St-Paul *aux Col.*, *C. III V. 16.*)

DUNKERQUE
Chez VANDEREST, Typographe-Éditeur,
1843

CHOIX

DE

CANTIQUES

SPIRITUELS

CANTIQUE I — PARAPHRASE DU PATER

AIR : *Je viens à vous, Seigneur....*

Vous, dont le trône est au plus haut des Cieux,
Vous, à la fois notre Dieu, notre Père,
Sur vos enfants daignez jeter les yeux,
Prêtez l'oreille (*bis*) à leur humble prière.　　　(*bis.*)

Que votre Nom, digne de tout honneur,
Mais trop souvent en but à nos outrages,
Soit à jamais gravé dans notre cœur,
Soit honoré (*bis*) par d'éternels hommages.　　　(*bis.*)

Vous êtes seul notre souverain bien;
C'est après vous que mon âme soupire;
Dans cet exil, la grâce est mon soutien;
Mais quand viendra (*bis*) votre céleste empire?　　　(*bis.*)

Faites régner sur toute volonté,
De votre loi la volonté suprême,
Et qu'à jamais, par sa fidélité,
La terre soit (*bis*) l'image du Ciel même.　　　(*bis.*)

Objets chéris de vos soins vigilants,
Seigneur, en vous nous ne voyons qu'un Père;
Dans leurs besoins, connaissez vos enfants :
Un peu de pain (*bis*) suffit à leur misère.　　　(*bis.*)

Que la clémence à vos yeux a de prix !
Elle ravit l'immortelle couronne :
C'en est donc fait, il n'est plus d'ennemis,
Nous pardonnons (*bis*) et notre Dieu pardonne.　　　(*bis.*)

Sur cette mer où vous guidez nos pas,
Mille dangers nous assaillent sans cesse;
Je périrai, mon Dieu, si votre bras,
A tout instant (*bis*) ne soutient ma faiblesse.　　　(*bis.*)

De tous côtés environnés de maux,
Votre cœur seul est un abri fidèle :
Ah! puissions-nous y goûter le repos!
Y posséder (*bis*) une paix éternelle!　　　(*bis.*)

CANTIQUE II

TRIOMPHE DE LA JEUNESSE VERTUEUSE

Air : *Heureux soldats, vaillants guerriers.*

Age pur, aimable saison,
Douces prémices de la vie,
Où l'innocence et la raison
Offrent un cœur digne d'envie,
Heureux de voir couler en paix
Vos heures, vos jours sans nuage,
Donnant au Dieu qui vous a faits
Tous les instants de ce bel âge !　　　(*bis.*)

Jeunes enfants, votre Sauveur
Vous a choisis par préférence ;
Il chérit en vous la candeur
Et la pureté de l'enfance :
Puissiez-vous sentir ce bonheur
Et goûter pour lui, sans partage,
Tous les transports d'une faveur
Qui croisse avec vous d'âge en âge.　　　(*bis.*)

Venez au pied du saint autel,
A lui seul consacrez vos âmes ;
A ce bienfaiteur immortel
Portez le tribut de vos flammes.
Oh ! si vous êtes innocents,
Il vous tient ce tendre langage :
« Laissez-moi venir ces enfants,
» Mon royaume est fait pour cet âge. »　　　(*bis.*)

Aimer le monde et ses plaisirs,
C'est un désordre, une folie ;
Suivre ses coupables désirs,
C'est trop ressembler à l'impie :
Mais payer d'un juste retour
Un Dieu dont nous sommes l'image,
Et lui rendre amour pour amour,
C'est le triomphe de notre âge.　　　(*bis.*)

Source adorable de bonté,
Par qui respire la jeunesse,
De notre ardente piété
Daignez recevoir la promesse.
Désormais votre sainte loi
Sera notre unique partage ;
Vous aurez nos cœurs, notre foi,
Jusqu'au dernier jour de notre âge.　　　(*bis.*)

Bienheureux qui peut vous aimer
D'un amour constant et solide !
Eh ! quel autre objet peut charmer
Une âme de vrais biens avide ?
Quand viendra ce bien souhaité,
Le terme de ce court voyage,
Où l'amour, dans l'éternité,
N'aura plus à craindre de l'âge ? (bis.)

Ici bas, de l'amour divin
On peut bien éprouver les charmes ;
Mais les dangers du cœur humain
Offrent sans cesse des alarmes.
De ce monde tel est le cours,
Qu'on craint à tout pas le naufrage ;
Trop souvent périt pour toujours
L'innocence du premier âge. (bis.)

Quand dans un siècle corrupteur,
La piété n'a plus d'asile,
Qu'on ne peut à son Créateur
Rendre un culte pur et tranquille,
C'est, plus que jamais, la saison
De fuir, d'abhorrer davantage
Ce monde affreux dont le poison
Semble n'épargner aucun âge. (bis.)

Monde, par la foi combattu,
Tu voudrais envain nous séduire :
Les saints attraits de la vertu
A nos yeux viennent de reluire ;
Tu n'enseignes que vanité,
Tu ne donnes que l'esclavage ;
Nous détestons la volupté
D'un monde funeste à notre âge. (bis.)

Seigneur, si jamais les penchants
De notre constante nature
Allaient nous ravir notre encens,
Pour l'offrir à la créature ;
Hélas ! si nous devons périr,
Du vice éprouvant le ravage,
Retranchez pour nous l'avenir,
En coupant le fil de notre âge. (bis.)

CANTIQUE III. — BONHEUR DU PARADIS

AIR : *Qu'ils sont aimés......*

Sainte Cité, demeure permanente,
Sacré palais qu'habite le grand Roi,

Où doit sans fin régner l'âme innocente,
Quoi de plus doux que de penser à toi?

Dans tes parvis tout n'est plus qu'allégresse:
C'est un torrent des plus chastes plaisirs;
On ne ressent ni peines ni tristesse,
On ne connaît ni plaintes ni soupirs.

Tes habitants ne craignant plus d'orage;
Ils sont au port, ils y sont pour jamais :
Un calme entier devient leur doux partage;
Dieu dans leur cœur verse un fleuve de paix.

De quel éclat ce Dieu les environne !
Ah ! je les vois tout brillants de clarté;
Rien ne saurait y flétrir leur couronne :
Leur vêtement et l'immortalité.

Pour les élus il n'est plus d'inconstance,
Tout est soumis au joug du saint amour;
L'affreux péché n'a plus là de puissance,
Tout bénit Dieu dans cet heureux séjour.

Beauté divine, ô beauté ravissante !
Tu fais l'objet du suprême bonheur;
Oh ! quand naîtra cette aurore brillante
Où nous pourrons contempler ta splendeur !

Puisque Dieu seul est notre récompense,
Qu'il soit aussi la fin de nos travaux;
Dans cette vie, un moment de souffrance
Mérite au ciel un éternel repos.

CANTIQUE IV

L'AME SOUPIRE APRÈS LES DÉLICES DU PARADIS

Air : *Jamais une pompe si belle.*

Dans une douce et pure ivresse,
Je me croyais au haut des Cieux,
Dans ce séjour plein d'allégresse
Et de plaisirs délicieux.
O Ciel ! séjour trois fois aimable,
Pourquoi disparaître à mes yeux?
Ah ! reparais, charme ineffable,
Et mets le comble à tous mes vœux.

Sur le trône de sa puissance
Je voyais assis mon Sauveur;

Pénétrés de reconnaissance,
Les Saints célébraient sa grandeur.
    O Ciel! etc.

J'entendais chanter les louanges
De sa suprême majesté;
Je croyais être avec les Anges
Au sein de la Divinité.
    O Ciel! etc.

Je me rappelle à la mémoire
Tout ce que j'ai vu dans les Cieux,
Les chastes plaisirs de la gloire
Qui ravissent les bienheureux.
    O Ciel! etc.

Hélas! d'une céleste flamme
Tout mon cœur était embrasé;
Je sentais couler dans mon âme
Un doux torrent de volupté.
    O Ciel! etc.

Pourquoi tant de sollicitude
Pour embrasser la vanité?
Pourquoi si peu d'inquiétnde
Pour les biens de l'éternité?
    O Ciel! etc.

Disparaissez, biens insipides,
Qui feriez un jour mon malheur,
Je cherche des biens plus solides,
Qui doivent faire mon bonheur.
    O Ciel! etc.

C'est pour vous que mon cœur soupire,
O charmante félicité!
C'est vous seul que mon cœur désire,
O Dieu d'éternelle beauté!
    O Ciel! etc.

Ce monde est un lieu de misère,
C'est le jour de la douleur;
Le Ciel peut seul nous satisfaire;
Volons-y d'esprit et de cœur.
    O Ciel! etc.

C'est dans cette aimable patrie
Que mes vœux seront satisfaits;
C'est là le séjour de la vie,

C'est là le séjour de la paix.
    O Ciel! etc.

Fragiles beautés de la terre,
Dont nos faibles cœurs sont épris,
Qu'êtes-vous, quand je considère
La majesté du Paradis?
    O Ciel! etc.

Dans ce lieu de magnificence,
Plein de Dieu, le cœur est content.
Embrassons tous la pénitence,
Pour entrer dans ce lieu charmant.
    O Ciel! etc.

Bientôt finiront nos alarmes,
Bientôt finiront nos malheurs ;
Lavons nos péchés par nos larmes,
Dieu lui-même essuiera nos pleurs.
    O Ciel! etc.

Cantique V — ACTIONS DE GRACES

Air : *Pauvre Jacques....*

Bénis, mon âme, ah ! bénis le Seigneur;
    Bénis son nom, chante sa gloire;
De ses bienfaits, dans le fond de ton cœur,
    Conserve à jamais la mémoire. *(bis.)*
Il est ton maître, et tu l'as outragé;
    Il te pardonne ton offense;
Du triste abîme où ton cœur s'est plongé,
    Il te sauve par sa puissance.
  Bénis, mon âme, etc.

Par ton péché tu t'es donné la mort;
    Sa charité te rend la vie;
Il te conduit, du plus malheureux sort,
    Au sort le plus digne d'envie. *(bis.)*
Est-tu malade? il est ton Médecin;
    Pauvre, il prévient ton indigence;
Pour t'enrichir, sa libérale main
    Verse ses biens en abondance.
  Bénis, mon âme, etc.

De nos péchés le nombre et la grandeur
    N'épuisent point son indulgence;
Qu'il voie en nous le repentir du cœur:
    Le pardon suit la pénitence. *(bis.)*

Pleurons, mon âme, et ce Dieu de bonté
    Viendra bientôt, par sa puissance,
Mettre entre nous et notre iniquité,
    D'un ciel à l'autre la distance.
    Bénis, mon âme, etc.

Ayons pour lui la crainte des enfants;
    Il a pour nous le cœur d'un père ;
Il nous connaît, il sait dans tous les temps
    Compâtir à notre misère.   (bis)
L'homme est semblable à la fragile fleur;
    Un signe abbat sa tête altière;
Dieu voudrait-il exercer sa rigueur
    Contre un faible grain de poussière?
    Bénis, mon âme, etc.

Heureux celui qui, vivant de la foi,
    Aime son Dieu ; rempli de crainte,
La nuit, le jour il mèdite sa loi,
    Et la pratique sans contrainte. (bis.)
Du Tout-Puissant l'empire est l'Univers;
    Dans les Cieux il plaça son trône;
Tout est à lui dans les états divers,
    Biens, honneurs, et sceptre et couronne
    Bénis, mon âme, etc.

Céleste Cour, Anges adorateurs
    De son essence et de sa gloire,
Bénissez-le, célébrez ses grandeurs,
    Et son empire et sa victoire.   (bis)
Que tout l'adore et la terre et les cieux;
    Que tout le serve et l'homme et l'Ange:
Qu'on lui consacre en tout temps, en tout lieu
    L'encens d'une pure louange.
    Bénis, mon âme, etc.

Cantique. VI — GRANDEURS DE L'EUCHARISTIE

Air : *Avec les jeux dans le village.*

Par les chants les plus magnifiques,
Sion, célèbre ton Sauveur:
Exalte, dans tes saints cantiques,
Ton Dieu, ton chef et ton pasteur:
Unis, redouble pour lui plaire,
Tes transports, tes soins empressés;
Tu n'en pourras jamais trop faire,   } bis.
Tu n'en feras jamais assez.

Ouvre-ton cœur à l'allégresse,

A tout le feu de tes transports,
Lorsque son immense largesse
T'ouvre elle-même ses trésors.
Près de quitter son héritage,
Il consacra son dernier jour
A te laisser ce tendre gage,
Qui met le comble à son amour.   } bis.

Offert sur la table mystique,
L'Agneau de la nouvelle Loi,
Termine enfin la Pâque antique,
Qui figurait le nouveau Roi :
La vérité succède à l'ombre,
La loi de crainte se détruit ;
La clarté chasse la nuit sombre,
La loi de grâce s'établit.   } bis.

Jésus, de son amour extrême,
Éternisa les derniers traits ;
Ce que d'abord il fit lui-même,
Le prêtre à son ordre le fait,
Il change, ô prodige admirable
Qui n'est aperçu que des Cieux,
Le pain en son corps adorable,
Le vin en son sang précieux.   } bis.

L'œil se méprend, l'esprit chancelle,
Il cherche d'un Dieu la splendeur ;
Mais toujours ferme, un vrai fidèle
Sans hésiter voit son Seigneur.
Son sang pour nous est un breuvage
Sa chair devient un aliment,
Les espèces sont le nuage
Qui nous le couvre au sacrement.   } bis.

On voit le juste et le coupable
S'approcher du banquet divin,
Se ranger à la même table,
Prendre place au même festin ;
Chacun reçoit la même hostie ;
Mais qu'ils diffèrent dans leur sort !
Le juste tremble, et boit la vie !
L'impie affronte, et boit la mort !   } bis.

Je te salue, ô pain de l'Ange,
Aujourd'hui pain du voyageur...
Toi que j'adore et que je mange,
Ah ! viens dissiper ma langueur ;
Loin de toi l'impur, le profane,

Pain réservé pour les enfants.....
Mets des élus ! céleste mannie,
Objets seuls dignes de nos chants. } *bis.*

Au secours de notre misère,
Jésus se livre entièrement ;
Dans la crèche il est notre frère,
Et sur l'autel notre aliment.
Quand il mourut sur le calvaire,
Il fut la rançon du pêcheur ;
Triomphant dans son sanctuaire, } *bis.*
Il est du juste le bonheur.

Quels bienfaits, quel amour extrême !
Par un attrait doux et vainqueur,
Tendre Pasteur, fais que je t'aime,
Dans cet amour fixe mon cœur.
O pain des forts, par ta puissance,
Soulage mon infirmité ;
Fais, qu'engraissé de ta substance, } *bis.*
Je règne dans l'éternité.

CANTIQUE VII — **MYSTÈRE DU JOUR**

Air : *Comme vous de ces arbriseaux.*

Sur les Apôtres assemblés
Lorsque l'Esprit-Saint vint descendre,
Les éléments furent troublés,
Un vent soudain se fit entendre.
Devant Dieu marche la terreur
Quand il veut instruire la terre,
Et pour signal de sa grandeur
Il a le bruit de son tonnerre.

Tendres troupeaux, rassurez-vous,
N'appréhendez rien de ses flammes ;
Ce feu qui n'a rien que de doux
Ne doit embrâser que vos âmes ;
Souvenez-vous que Jésus-Christ,
Dans ses adieux pleins de tendresse,
Vous promit son divin Esprit ;
Il tient aujourd'hui sa promesse.

Déjà je vous vois tous remplis
Des transports d'une sainte ivresse ;
Dans l'instant vous êtes instruits
Des Mystères de la Sagesse ;
Déjà vos cœurs sont animés.

De zèle, d'amour, de courage,
Et déjà vous vous exprimez
En toute sorte de langage.

Courez, allez porter vos pas
Dans tous les lieux où l'on respire;
Affrontez les feux, le trépas;
Prêchez ce Dieu qui vous inspire;
Mille lauriers vous sont offerts,
Vous devez en ceindre vos têtes;
Jusques au bout de l'univers
Allez étendre vos conquêtes.

Esprit—Saint, Esprit créateur,
Toi seul peux convertir nos âmes;
Viens sur ma bouche et dans mon cœur,
Viens les pénétrer de tes flammes;
Donne de la force à mes chants
Pour annoncer ce qu'il faut croire;
Inspire-moi de doux accents
Dignes de célébrer ta gloire.

Cantique VIII — INVOCATION AU SAINT-ESPRIT

Air : *de la Marche des Samnites.*

Dieu d'amour,
En ce jour,
Viens, descends dans mon âme;
Oui, viens, mon âme est à toi sans retour.
Dieu d'amour, etc.
Mon cœur, qui te réclame,
Abjure ses erreurs,
Et désire, Esprit de flamme,
Brûler de tes saintes ardeurs.
Mon cœur, etc.

Ah! pourquoi,
Loin de toi,
Cherché-je un bonheur frivole;
On ne peut être heureux que sous ta loi.
Ah! pourquoi! etc.
C'est elle qui console
Tes vrais adorateurs;
Appuyés sur ta parole,
Ils sont au-dessus des malheurs.
C'est elle, etc.

Il est temps,
Je me rends;

Seigneur , ta bonté m'enchante;
Mon cœur se livre aux plus doux sentiments.
Il est temps , etc.
Sous ta loi bienfaisante,
Si tu veux , ô mon Dieu ,
Fixer mon âme inconstante,
Viens l'y graver en traits de feu.
Sous ta loi , etc.

Si jamais
J'oubliais
La loi que tu m'as tracée,
Je m'abandonne à tes justes arrêts.
Si jamais , etc.
Que ma langue glacée
S'attache à mon palais,
Et que mon âme lassée
Ne trouve ni repos ni paix.
Que ma langue , etc.

CANTIQUE IX

L'AME INQUIÈTE A LA VUE DES DANGERS QUI LA MENACENT, MET CONFIANCE EN JÉSUS ET MARIE

Air : *Quels accents , quels transports !*

Parmi les doux transports d'une sainte allégresse ,
Quel noir pressentiment, quelle sombre tristesse ,
En jetant sur mon âme un voile de douleur,
Vient troubler la paix de mon cœur.   (*bis.*)
Le penser déchirant de ma propre inconstance
Me fait, hélas ! trembler pour ma persévérance.
'Quoi! je pourrais, Seigneur, te méconnaître un jour,
Ah ! plutôt expirer qu'abjurer ton amour !...

TOUS ENSEMBLE.

Nous promettons, Seigneur, de respecter tes lois,
D'imiter tes vertus et de suivre ta voix.
J'aperçois le danger, je connais ma faiblesse,
J'entends d'un monde impur la voix enchanteresse,
D'une perfide main il attise les feux
De mes penchants impérieux.   (*bis.*)
Déjà l'enfer frémit , sa fureur meurtrière
Veut m'arracher des bras de mon Dieu , de mon Père.
'Quoi ! etc.

Le chœur. Nous promettons , etc.

Aujourd'hui tout à toi, demain rebelle et traître,
Comme un autre Judas, je trahirais mon Maître !
Grand Dieu ! je briserais ces liens solennels
     Formés aux pieds de tes autels !   (*bis.*)
Le sang de mon Sauveur coule encor dans mes veines ;
Et du cruel Satan je reprendrais les chaînes !
   *Quoi ! etc.

Le chœur. Nous promettons, etc.

Des cèdres du Liban si les sublimes têtes
Ont succombé souvent à l'effort des tempêtes,
Comment pourrai-je, hélas ! roseau faible et tremblant,
     Ne pas céder au moindre vent ?   (*bis.*)
Mais sois, ô doux Jésus, mon appui, ma défense ;
Je ne crains plus de voir ébranler ma constance.
   *Quoi ! etc.

Le chœur. Nous promettons, etc.

Les Martyrs, abreuvés de ton sang adorable,
Fatiguaient des tyrans la rage infatigable :
Plein de la même ardeur je m'élance aux combats,
     Sois ma force, guide mes pas.   (*bis.*)
En vain mille ennemis ont juré ma défaite :
Qu'ils tremblent maintenant ! me voilà ta conquête.
   *Quoi ! etc.

Le chœur. Nous promettons, etc.

Je me jette en tes bras, Marie, ô tendre Mère ;
Est-on jamais trompé lorsqu'en toi l'on espère !
Je sens, à ton seul nom, mon âme s'attendrir ;
     Qui t'aime ne saurait périr.   (*bis.*)
J'entends, autour de moi, j'entends gronder l'orage.
Etoile du matin, sauve-moi du naufrage.
   *Quoi ! etc.

Le chœur. Nous promettons, etc.

Cantique X — POUR LA PERSÉVÉRANCE

Jour heureux, sainte allégresse,
Jésus règne dans mon cœur !
Pourquoi donc sombre tristesse
Viens-tu troubler mon bonheur ?
Hélas ! de mon inconstance,
J'ai l'affligeant souvenir,
Et pour ma persévérance,
Je redoute l'avenir.

   Le Chœur :

-Dieu, sauveur de l'enfance,
Cache-nous dans ton cœur ;
Conserve-nous la ferveur
Et le bonheur de l'innocence :
Conserve-nous la ferveur
Et l'innocence et le bonheur.

Ah ! je connais ma faiblesse,
Mes penchants impérieux,
Et la dangereuse ivresse
Que le monde offre à mes yeux.
Dans sa fureur meurtrière
Je vois l'enfer accourir ;
Ah ! si tout me fait la guerre,

Ne faudra-t-il pas périr ?
  Dieu, sauveur, etc.

Quoi ? me dit le Dieu suprême,
Tu pourrais fuir mes autels !
Quoi ! tu briserais toi-même,
Ces nœuds chers et solennels ?
Contre toi tout court aux armes,
Tout conspire à t'entraîner ;
Cher enfant de tant de larmes,
Veux-tu donc m'abandonner ?
  Dieu, sauveur, etc.

Enfant perfide et coupable,
Avant que de l'outrager,
Attends que l'Être immuable
Pour toi commence à changer,
Hélas ! tu poursuis ton crime....
Eh bien ! cours, vole au plaisir.
Mais la mort ouvre l'abîme,
Tremble ! un Dieu va te punir.
  Dieu, sauveur, etc.

Quoi ! sacrifier la grâce
A l'indigne volupté,
Et pour un monde qui passe,
L'immobile éternité !
Insensé, que vas-tu faire ?
Loin de toi de tels malheurs !
Du moins épargne ton père,
Prends pitié de ses douleurs.
  Dieu, sauveur, etc.

Moi, trahir le Dieu que j'aime,
Jésus, déchirer ton cœur ;
T'oublier, beauté suprême,
Outrager mon bienfaiteur !
Ton sang coule dan mes veines,
Et je pourrais te trahir !
Moi, je reprendrais mes chaînes !
Non, Seigneur, plutôt mourir.
  Dieu, sauveur, etc.

Grand Dieu, du sein de la tombe,
Quels cris ! quels tristes sanglots !
Du Liban le cédre tombe,
Que deviendront les roseaux ?
Chrétiens d'abord si fidèles,
Vous fîtes tous nos serments,
Et vous êtes mort rebelles,...
Ah ! serons-nous plus constants ?

Dieu, sauveur, etc.

Mais quoi ! le Dieu que j'adore
N'est-il plus le Dieu puissant ?
Des ennemis que j'abhorre
Ne fut-il pas triomphant ?
S'il m'expose à cette guerre,
Est-ce pour m'y voir périr ;
Si je ne suis que poussière,
Sa main peut me soutenir,
  Dieu, sauveur, etc.

Avec ta grâce, j'espère.
Et je m'élance aux combats ;
Vigilance, humble prière ;
Vous assurerez nos pas ;
Long-temps dans ce cher asile,
Je veux apprendre à l'aimer ;
Dans ton sang, enfant docile,
Je reviendrai me ranimer.
  Dieu, sauveur,

Loin de moi, monde perfide,
Amis, livres corrupteurs,
Respect humain déicide,
Jeux, spectacles séducteurs.
O lis, ton éclat fragile
Périt d'un souffle léger !
O vertu bien plus débile ;
Fuis jusqu'au moindre danger.
  Dieu, sauveur, etc.

Vierge Sainte, ô tendre Mère !
Je me jette entre tes bras :
Là, viens me faire la guerre,
Enfer, je ne te crains pas ;
A ton nom, douce Marie,
Je sens mon cœur s'attendrir :
Qui t'invoque obtient la vie,
Qui t'aime ne peut périr.
  Dieu, sauveur, etc.

Amour sacré de nos âmes,
Pain, delices de nos cœurs ;
Embrase-nous de tes flammes,
Nous jurons d'être vainqueurs :
Jésus, si dans mon délire,
Je dois te trahir un jour,
Qu'aux pieds de l'autel j'expire,
Avant de perdre l'amour.
  Dieu, sauveur, etc.

Cantique XI — DONS DU SAINT-ESPRIT

Air : *Du serin qui te fait envie.*

LA SAGESSE

Du bonheur on parle sans cesse :
Mais où se trouvent les heureux ?
Les hommes prêchent la sagesse ;
Mais la sagesse fuit loin d'eux.
Sûr du bonheur quand on est sage,
Je veux aussi le devenir :
Avoir la sagesse en partage,
C'est aimer Dieu, c'est le servir.

LA SCIENCE

Connaître Dieu, se bien connaître,
Voilà tout ce qu'il faut savoir ;
De ses penchants on devient maître,
On est esclave du devoir.
Ayons tous cette connaissance ;
Elle est pour nous le plus grand bien.
Quand on n'a pas cette science,
En sachant tout on ne sait rien.

L'INTELLIGENCE

Don précieux d'intelligence,
Accompagnez toujours ma foi ;
Je n'ai besoin d'autre science,
Que de bien comprendre la loi.
Cette loi si pure et si sainte,
Mille fois heureux qui la suit !
O loi ! que, dans mon cœur empreinte,
Je te médite jour et nuit !

LE CONSEIL

Esprit-Saint, j'ignore la route
Qu'il faut suivre pour me sauver,
Souvent je balance et je doute,
Je marche et ne puis arriver.
Sans cesse l'ennemi m'assiége ;
La crainte agite mon sommeil ;
De tous côtes ce n'est que piège ;
Esprit-Saint, soyez mon conseil.

LA PIÉTÉ

O piété ! quels sont tes charmes !
Tu remplis seul tous nos désirs ;
Par toi nous sont douces les larmes,
Et nos devoirs font nos plaisirs.

C'est par ton pouvoir ineffable
Que la vertu nous sait charmer;
Puisque tu nous rends tout aimable,
Comment peut-on ne pas t'aimer ?

LA FORCE

Divin Esprit, Esprit de force,
Je ne veux d'autre appui que toi :
Qu'il règne un éternel divorce
Entre tes ennemis et moi.
Des monstres cherchent à m'abattre :
Je veux par toi les étouffer;
Le monde vient pour me combattre,
Par toi je veux en triompher.

LA CRAINTE

Seigneur, votre volonté sainte
Est souvent pour nous sans appas;
Juste, vous inspirez la crainte,
Et souvent on ne vous craint pas.
On craint le monde, on est à plaindre;
Que peut-il pour ou contre nous?
Grand Dieu ! que j'apprenne à vous craindre,
A ne craindre même que vous.

CANTIQUE XII — POUR LES FÊTES DU SACRÉ-CŒUR

Air : *du Serment Français.*

Perçant les voiles de l'aurore,
Le jour apparaît dans les Cieux;
Ainsi, Cœur Sacré que j'adore,
Tout rayonnant d'amour tu viens frapper mes yeux.
    Séraphins, à ce Roi suprême,   (bis.)
    Souffrez que j'offre vos ardeurs :
    Pour aimer Jésus comme il aime,
Faibles mortels, c'est trop peu de nos cœurs.   (bis.)

    Ce cœur généreux, magnanime,
    Du Ciel irrité contre nous,
    Voulut devenir la victime
Et nous mit à l'abri des traits de son courroux.   — Séraphins.....

    Des instruments de son supplice
    Il dresse un trophée en ce jour :
    Quel noble et touchant artifice,
Pour captiver nos cœurs, les gagner sans retour!   — Séraphins...

    Contemplez la croix qui s'élève
    Du cœur entr'ouvert de Jésus :

Le sang de Jésus est la sève
Qui fait croître et fleurir cet arbre des élus.   — Séraphins...

Sondez la profonde blessure
D'où les flots de sang ont coulé :
C'est là qu'attendri je mesure
A quel excès d'amour Jésus s'est immolé.   — Séraphins...

Comptez ces épines cruelles,
Jésus en soutint les rigueurs :
A leur aspect, âmes charnelles,
Oseriez-vous encor vous couronner de fleurs?   — Séraphins...

Que vois-je? des torrents de flammes
S'élancent du cœur de mon Dieu!
Amour, oui, c'est toi qui l'enflamme,
Ah! partout en ces lieux répands un si beau feu.   — Séraphins...

Autour de ce Cœur, ô Saints Anges !
Tremblants et joyeux à la fois,
Chantez, célébrez ses louanges,
A vos chants s'uniront et nos cœurs et nos voix.   — Séraphins...

O Cœur, notre unique espérance !
Couronne en ce jour tes bienfaits :
Deviens le salut de la France.
Et force tous les cœurs de t'aimer à jamais.   — Séraphins...

CANTIQUE XIII

PROTESTATIONS DE FIDÉLITÉ APRÈS LA COMMUNION

Air : *Tout n'est que vanité.*

Le dessin en est pris :
C'est fait, je veux à tout prix
Suivre de mon Dieu la voix,
Vivre constamment sous ses lois.
Quand l'enfer uniroit
Sa puissance,
Rien n'ébranleroit
Ma constance ;
Du vice à jamais
Je déteste tous les attraits.

Je veux fuir pour toujours
L'écueil des folles amours,
Et tout plaisir criminel
Qui me fut un poison mortel ;
Non, ni l'impureté,
La mollesse,
Ni la volupté,
Ni l'ivresse,
Malgré leur douceur,
Ne pourront plus rien sur mon cœur.

Non, jamais vains serments,
Blasphêmes, faux juremenls,
Mensonge avec ses détours,
Ne profaneront mes discours,
Les termes indécents,
Les parjures,
Les traits médisants,
Les injures,
Les mauvais souhaits
En seront bannis pour jamais.

Je veux garder la foi,
De Dieu pratiquer la loi,
Au bien porter mes ami ;

Pardonner à mes ennemis,
Le vol, l'iniquité :
L'injustice,
De l'impiété
La malice,
Seront à mes yeux
Des objets toujours odieux.

Mais Dieu de sainteté,
Mes propos, ma fermeté ;

Sans prudence et sans secours,
Ne se soutiendront pas toujours.
Je fuirai le danger.
Dieu tout sage,
Veuillez achever
Votre ouvrage.
Daignez sans retour
Fixer mon cœur dans votre amour.

CANTIQUE XIV

POUR LES PROCESSIONS DU TRÈS-ST-SACREMENT

AIR NOUVEAU.

Aux chants de la victoire
Mélons nos chants d'amour,
En ce jour :
Dieu descend de sa gloire
En cet heureux séjour :
Terre, frémis de crainte,
Voici le Dieu jaloux
Près de nous :
Sous sa Majesté sainte,
O cieux ! abaissez-vous.

Qu'un nuage obscurcisse
L'éclat de ce grand Roi,
Devant moi ;
Le soleil de justice
Luit toujours à ma foi.
Perçant les voiles sombres
Qui dérobent ses feux
A mes yeux,
J'aperçois sous ces ombres
Le Monarque des cieux.

En vain, foudres de guerre,
Vous semez sous vos pas
Le trépas :
Jésus dompte la terre
Par de plus doux combats.

Son amour et ses charmes,
Sont peints en traits de feux,
En tous lieux :
C'est par ses seules armes,
Qu'il est victorieux.

Ce doux vainqueur s'avance ;
Offrez, tendres enfants,
Vos présents ;
Offrez de l'innocence
Et les vœux et l'encens.
Partout, sur son passage.
S'il voit voler vos fleurs
Et vos cœurs,
Il paiera votre hommage,
Des plus riches faveurs.

Va, mondain trop volage,
Va t'égarer encor
Loin du port :
Dans un triste naufrage
Tu trouveras la mort.
Mais vous, qui sous ses ailes
Jouissez des bienfaits
De la paix,
Que vos cœurs soient fidèles,
Et l'aiment à jamais.

CANTIQUE XV. — FÊTE DU SAINT NOM DE JÉSUS

AIR : *Daigne écouter, etc.*

Etre ineffable, à l'âme qui t'adore
Daigne inspirer l'ardeur de tes élus !
Au cœur qui vit du feu qui le dévore,
Rien n'est si doux que le nom de JESUS !

Quand je sommeille, il entretient mon âme,
Il rajeunit mes membres abattus ;
Quand je m'éveille, il m'éclaire, il m'enflamme :
Mon premier mot est le nom de Jésus.

Mon cœur l'invoque au lever de l'aurore,
Aux feux du jour, mes feux se sont accrus ;
Quand la nuit vient, mon cœur l'invoque encore :
Dans mon someil, mon cœur parle à Jésus.

Je l'ai cherché quand j'étais dans la peine ;
Je l'ai trouvé, mes maux sont disparus.....
Mais le bonheur d'une âme qu'il enchaîne,
Pour le savoir, qu'on s'adresse à Jésus.

Qui l'a goûté veut le goûter sans cesse :
Qui l'a trouvé ne l'abandonne plus.
Qui fut blessé suit le trait qui le blesse ;
Et qui le suit vient mourir en Jésus.

Sans ce doux nom, tout me semble insipide ;
Sans sa clarté mes yeux sont confondus ;
Et je m'égare en suivant d'autre guide :
J'ignore tout, si J'ignore Jésus.

Ce nom plus doux que le miel à la bouche,
Me rend la paix, quand mon cœur est confus ;
A tout concert mon oreille se bouche,
Si le refrain n'est le nom de Jésus.

Je ne crains plus malheur, ni maladie ;
Non, les méchants ne m'intimident plus ;
Et je dirai pendant toute ma vie :
Rien n'est plus doux que le Nom de Jésus.

CANTIQUE XVI

Air : *Descends, etc.*

De nos concerts la joyeuse harmonie
Doit exalter la beauté de ce jour,
Oh ! que long-temps cette époque chérie
verse en nos jeunes cœurs l'espérance et l'amour.   (*bis.*)

Air : *Il vient....*

Il luit ce jour heureux,
Où pour nous brillent des couronnes
Il luit ce jour heureux,
Pour mettre le comble à nos vœux.
Des triomphes certains,
Des palmes dans nos mains
Et des fleurons sur nos fronts,
Chantons, chantons ce jour radieux.

Mon âme, etc.

Les noirs ennuis ont disparu
Aux doux regards de la victoire
Le moment promis est venu
Il est celui de notre gloire.
Chantons, chantons un si beau jour,
Voudrait-il fuir sans retour.

Voici le moment, etc.

Dans ce lieu même ou notre enfance
Reçut de si sages leçons
Passons par la reconnaissance
Tous les tributs que nous devons
Et que toujours ce sûr asile,
Soit chère à notre souvenir   (*bis.*)
Charmant séjour séjour tranquille
Ou l'on forme notre avenir

CANTIQUE XVII

CŒUR DE JÉSUS, ASYLE DE L'AME

Vole au plutôt, vole, vole, mon âme
Vers le doux cœur que t'ouvre ton Jésus ?
Là dans ton sein s'allumera la flamme
Dont brûle au ciel le peuple des élus.

> Volons, volons, mon âme
> Vers le cœur de Jésus
> Pour brûler de la flamme
> Dont brûlent les élus
> Vers cet heureux asyle
> Ou t'attend le bonheur,
> Vole d'une aîle agile,
> Vole, mon pauvre cœur.

O ma pauvre âme ! ô colombe timide !
Tu n'auras plus à craindre le chasseur
Là, vainement de sa flèche rapide
Cherchera-t-il à te frapper au cœur.

> Volons, volons mon âme, etc.

Que tardes-tu ? vois comme dans le monde
Tout n'est qu'ennuis, que périls, que maux,
Mais dans ce cœur des biens source féconde,
Tout est plaisir, délices et repos.

> Volons, volons mon âme, etc.

Là, dans la paix l'âme passe sa vie
Et doucement au dernier jour s'endort,
O sort heureux, ô fin digne d'envie
Que de bonheur dans une telle mort.

Volons, volons mon âme, etc..

CANTIQUE XVIII — A LA STE-VIERGE

Avec transport les cieux l'ont proclamée,
Reine des Saints, des trônes et des vertus,
Là, voyez-vous ma mère bien-aimée,
Près de son fils, près de son doux Jésus.

> Volons, volons mon âme,
> Loin de ce lieu mortel
> Prends tes ailes de flammes :
> Suivons Marie au Ciel !
> Après ta douce mère,
> Vole mon pauvre cœur,
> Loin d'elle est-il bonheur.

Volons, etc.

Moi, son enfant, comment pourrais-je vivre,
Loin des beaux lieux, où repose sa cour,
Au Ciel, au Ciel, je veux, je dois la suivre,
Volons, volons sur l'aile de l'amour.

Volons, etc.

Cruel départ, qui me ravit ma mère,
Qui me ravit ma vie et mon espoir,
Partons, partons, la vie est trop amère;
Au Ciel, au Ciel volons la voir.

Volons, etc.

Pour son enfant son instante prière,
A son Jésus demande de beaux jours;
Mais pour l'enfant qui regrette sa mère,
Ah! de ses pleurs qui suspendra le cours.

Volons, etc.

Mère d'amour, exauce, je t'en prie,
De ton enfant le plus ardent désir,
Fais qu'ici bas je vive de ta vie,
Et de ta mort que je puisse mourir.

Volons, etc.

CANTIQUE XIX — INVOCATION A LA STE-VIERGE

AIR : *O Dieu, dont je tiens l'être.*

Je mets ma confiance,
Vierge, en votre secours :
Servez-moi de défense,
Prenez soin de mes jours,
Et quand ma dernière heure
Viendra fixer mon sort,
Obtenez que je meure
De la plus sainte mort.

A votre bienveillance,
O Vierge, j'ai recours ;
Soyez mon assistance
En tous lieux et toujours ;
Vous même êtes ma Mère,
Jésus est votre fils ;
Portez-lui la prière
De vos enfants chéris,

A dessein de vous plaire,
O Reine de mon cœur !
Je promets ne rien faire
Qui blesse votre honneur.
Je veux que par hommage,
Ceux qui me sont sujets,
En tous lieux, à tout âge,
Prennent vos intérêts.

Voyez couler mes larmes,
Mère du bel amour,
Finissez mes alarmes
Dans ce triste séjour ;
Venez rompre mes chaînes,
Je veux aller à vous :
Aimable Souveraine,
Régnez, régnez sur nous.

MÊME SUJET

AIR : *Heureux soldats, vaillants guerriers.*

Vierge, patronne des enfants,
Notre amour et notre espérance,
Au milieu des maux renaissants,
Nous reclamons votre puissance ;
Préservez-nous de tout péril ;
Loin de nous écartez l'orage ;
De vos enfants dans cet exil,
Montrez-vous la mère à tout âge.　　　　(*bis.*)

FIN

Dunkerque. — Typ. de VANDEREST, 2, place d'Orléans.